卞尺丹几乙し丹卞と

Translated Language Learning

El Viaje a Lilliput

The Voyage to Lilliput

Jonathan Swift

Español / English

Copyright © 2022 Tranzlaty
All rights reserved.
Published by Tranzlaty

Original text by Jonathan Swift
Gulliver's Travels: The Voyage to Lilliput (1726)
Abridged by Andrew Lang: The Blue Fairy Book (1889)

www.tranzlaty.com

El viaje a Lilliput
The Voyage to Lilliput

***

Capítulo Uno
Chapter One

Mi padre tenía una pequeña finca en Nottingham
My father had a small estate in Nottingham
Fui el tercero de cuatro hijos
I was the third of four sons
Me envió a Cambridge a los catorce años.
He sent me to Cambridge at fourteen years old
Estudié allí durante tres años
I studied there for three years
después de eso encontré un aprendizaje con el Sr. Bates
after that I found an apprenticeship with Mr. Bates
fue un famoso cirujano en Londres
he was a famous surgeon in London
De vez en cuando mi padre me enviaba pequeñas sumas de dinero
now and then my father sent me small sums of money
Gasté el dinero en aprender navegación
I spent the money in learning navigation
y estudié otras artes útiles para los que viajan
and I studied other arts useful to those who travel
Siempre creí que sería una habilidad útil
I always believed it would be a useful skill

Mi aprendizaje duró tres años
my apprenticeship lasted for three years
mi buen maestro, el Sr. Bates, me recomendó como cirujano del barco.
my good master, Mr. Bates, recommended me as ship's surgeon
me consiguió un trabajo en un barco llamado The Swallow
he got me a job on a ship called The Swallow
en este barco viajé tres años
on this ship I voyaged three years
Cuando volví me instalé en Londres
When I came back I settled in London
Tomé una hipoteca para una casa pequeña
I took on a mortgage for a small house
y me casé con la señorita Mary Burton
and I married Miss Mary Burton
la hija del comerciante, el Sr. Edmund Burton
the daughter of shop keeper, Mr. Edmund Burton
Pero mi buen maestro Bates murió dos años después.
But my good master Bates died two years later
Solo tenía unos pocos amigos
I only had a few friends
Así que mi negocio comenzó a fallar
so my business began to fail
así que decidí ir al mar de nuevo
so I decided to go to sea again
Después de varios viajes, acepté una oferta del capitán W. Pritchard
After several voyages, I accepted an offer from Captain W. Pritchard

fue capitán de barco de "El Antílope"
he was ship master of "The Antelope"
estaba haciendo un viaje al Mar del Sur
he was making a voyage to the South Sea
Zarpamos de Bristol, el 4 de mayo de 1699.
We set sail from Bristol, on the 4th of May 1699
Al principio nuestro viaje fue muy próspero
at first our voyage was very prosperous
estábamos en nuestro pasaje a las Indias Orientales
we were on our passage to the East Indies
y habíamos llegado al noroeste de la Tierra de Van Diemen
and we had gotten to the north-west of Van Diemen's Land
Allí, sin embargo, nos encontramos con una violenta tormenta.
there, however, we were met by a violent storm
Ocho de nuestra tripulación ya habían muerto de trabajos forzados
eight of our crew had already died from hard labour
y cuatro de nuestra tripulación murieron por mala comida
and four of our crew died from bad food
El resto de nosotros estábamos en una condición muy débil
the rest of us were in a very weak condition
El cinco de noviembre el clima era muy brumoso
On the fifth of November the weather was very hazy
Los marineros divisaron una roca a ciento veinte yardas del barco.
the seamen spied a rock within a hundred and twenty yards of the ship

pero el viento era demasiado fuerte
but the wind was too strong
y fuimos empujados directamente sobre la roca
and we were pushed straight upon the rock
Nuestro barco se rompió contra la roca
our boat was broken against the rock
Seis de nosotros logramos lanzar un bote de rescate
Six of us managed to launch a rescue boat
Logramos alejarnos de las rocas
we managed to get away from the rocks
y remamos unas tres leguas
and we rowed about three leagues
y luego remamos hasta que ya no pudimos trabajar
and then we rowed till we could work no longer
Habíamos confiado a merced de las olas
We had trusted ourselves to the mercy of the waves
Media hora más tarde, el barco fue trastornado por una ola repentina
half an hour later the boat was upset by a sudden wave
Lo que fue de mis compañeros en el barco no lo sé
What became of my companions in the boat I do not know
ni sé qué pasó con mis compañeros en la roca
nor do I know what happened to my companions on the rock
pero concluyo que todos estaban perdidos
but I conclude they were all lost
Por mi parte, nadé como la fortuna me dirigía.
For my part, I swam as fortune directed me
Fui empujado hacia adelante por el viento y la marea
I was pushed forward by wind and tide
finalmente pude no luchar más

eventually I was able to struggle no longer
Me encontré al alcance de la tierra
I found myself within reach of land
Para entonces, la tormenta se había calmado.
By this time the storm had calmed down
a eso de las ocho de la tarde llegué a la orilla
at about eight in the evening I reached the shore
Avancé casi media milla tierra adentro
I advanced nearly half a mile inland
pero no pude ver ninguna señal de habitantes
but I could not see any signs of inhabitants
Estaba extremadamente cansado del naufragio
I was extremely tired from the shipwreck
y el calor del clima me arrulló para dormir
and the heat of the weather lulled me to sleep
La hierba era muy corta y suave
the grass was very short and soft
y me acosté en él para dormir
and I laid down on it to sleep
Dormí más sano que nunca en mi vida
I slept sounder than ever I did in my life

Cuando desperté la luz del día acababa de romperse
When I woke daylight had just broken
Intenté levantarme, pero no pude
I attempted to rise, but could not
Me había quedado dormido boca arriba
I had happened to fall asleep on my back
y ahora mis brazos y piernas estaban sujetos al suelo
and now my arms and legs were fastened to the ground
y mi cabello, que era largo y grueso, también estaba

atado.
and my hair, which was long and thick, was tied down too
Solo podía mirar hacia arriba
I could only look upwards
El sol comenzó a calentarse
The sun began to grow hot
y la luz lastimó mis ojos
and the light hurt my eyes
Escuché un ruido confuso a mi alrededor
I heard a confused noise around me
pero no podía ver nada excepto el cielo
but could see nothing except the sky
En poco tiempo sentí algo vivo
In a little time I felt something alive
Se movía sobre mi pierna izquierda
it was moving on my left leg
avanzó suavemente sobre mi pecho
it gently advanced over my chest
y luego llegó casi hasta mi barbilla
and then it came almost up to my chin
Miré hacia abajo lo mejor que pude
I looked down as well as I could
y percibí lo que parecía una pequeña criatura humana
and I perceived what looked like a little human creature
No podría haber tenido más de seis pulgadas de alto
it could not have been more than six inches high
Tenía un arco y una flecha en sus manos
it had a bow and arrow in his hands
Mientras tanto, sentí al menos otros cuarenta de ellos.
In the meantime I felt at least another forty of them
Estaban siguiendo al primer hombrecito

they were following the first little man
Estaba en el mayor asombro
I was in the utmost astonishment
Rugí tan fuerte que todos corrieron hacia atrás asustados.
I roared so loud that they all ran back in a fright
y algunos de ellos se lastimaron por saltar de mis lados
and some of them were hurt from jumping off me sides
Sin embargo, pronto regresaron.
However, they soon returned
y uno de ellos se aventuró lo suficiente como para ver mi cara
and one of them ventured far enough to see my face
Levantó las manos con admiración
he lifted up his hands in admiration
Pongo todo esto mientras estoy en gran inquietud.
I lay all this while in great uneasiness
pero al final, luché por soltarme
but at length, I struggled to get loose
y finalmente logré romper las cuerdas
and finally I succeeded in breaking the strings
Mi brazo izquierdo ahora estaba libre
my left arm was now free
luego di un tirón violento con la cabeza
next I gave a violent pull with my head
Esto le dio a mi cabello un gran dolor
this gave my hair great pain
pero aflojé un poco las cuerdas alrededor de mi cabello
but I loosened the strings around my hair a little
ahora podía girar la cabeza unas dos pulgadas
now I was able to turn my head about two inches

Pero las criaturas huyeron por segunda vez
But the creatures ran off a second time
y no tuve oportunidad de aprovecharlos
and I had not chance to seize them
Todo esto causó un gran alboroto de la gente pequeña
all this caused a great uproar from the little people
en un instante sentí más de cien flechas
in an instant I felt more than a hundred arrows
Habían disparado sus pequeñas flechas a mi mano izquierda
they had shot their little arrows at my left hand
Me pincharon como tantas agujas
they pricked me like so many needles
Además, dispararon otro ataque al aire.
Moreover, they shot another attack into the air
Algunos de estos cayeron sobre mi cara
some of these fell on my face
Inmediatamente me cubrí la cara con la mano izquierda
I immediately covered my face with my left hand
Cuando terminó esta lluvia de flechas, gimí de pena y dolor.
When this shower of arrows was over I groaned with grief and pain
Intenté de nuevo soltarme
I tried again to get loose
y descargaron otro vuelo de flechas más grande que el primero
and they discharged another flight of arrows larger than the first
y algunos de ellos trataron de apuñalarme con sus

lanzas
and some of them tried to stab me with their spears
pero por buena suerte tuve puesta una chaqueta de cuero
but by good luck I had on a leather jacket
No había forma de que pudieran perforarlo
there was no way they could pierce it
A estas alturas pensé que era más prudente quedarme quieto hasta la noche.
By this time I thought it most prudent to lie still till night
Mi mano izquierda ya estaba libre
my left hand was already free
Podría liberarme fácilmente más tarde
I could easily free myself later
Los habitantes realmente no me preocuparon
the inhabitants didn't really worry me
Estaba seguro de que sería más fuerte que su mejor ejército.
I was sure I would be stronger than their greatest army
siempre y cuando todos fueran del mismo tamaño
as long as they were all the same size

la gente observó que yo estaba callado
the people observed that I was quiet
Así que no descargaron más flechas
so they discharged no more arrows
pero sabía que estaban aumentando en número
but I knew that they were increasing in numbers
porque podía escuchar el tamaño de la multitud creciendo
because I could hear the size of the crowd growing

A unos cuatro metros de mí hubo un golpe
about four yards from me there was a knocking
Este golpe duró la mayor parte de una hora.
this knocking lasted for the better part of an hour
Deben haber estado en el trabajo, haciendo algo
they must have been at work, making something
Giré la cabeza hacia el ruido lo mejor que pude
I turned my head towards the noise as well as I could
Las clavijas y las cuerdas todavía me restringían
the pegs and strings still restricted me
Se había montado un escenario
a stage had been set up
Estaba a un pie y medio del suelo.
it was about a foot and a half from the ground
Se montaron dos o tres escaleras
two or three ladders were mounted to it
Alguien estaba parado en el escenario
someone was standing on the stage
Parecían ser una persona de calidad
they seemed to be a person of quality
y estaban haciendo un largo discurso
and they were making a long speech
No pude entender una palabra de ella
I could not understand a word of it
pero podía decir por su manera lo que estaba diciendo.
but I could tell from his manner what he was saying
A veces me amenazaba
sometimes he was threatening me
En otras ocasiones hablaba con lástima y amabilidad.
at other times he spoke with pity and kindness
Respondí en pocas palabras

I answered in few words
pero me aseguré de ser lo más sumisa posible
but I made sure to be as submissive as possible
a estas alturas estaba casi hambriento de hambre
by now I was almost famished with hunger
y sabía que había llegado a depender de su bondad
and I knew I had come to depend on their kindness
No pude evitar mostrar mi impaciencia
I could not help showing my impatience
Me llevo el dedo a la boca con frecuencia, para indicar que quería comida.
I put my finger frequently to my mouth, to signify that I wanted food
Me entendió muy bien
He understood me very well
y descendió del escenario
and he descended from the stage
Ordenó que se pusieran varias escaleras contra mis costados.
he commanded several ladders to be put against my sides
Más de un centenar de habitantes subieron las escaleras
more than a hundred of the inhabitants climbed up the ladders
y caminaron hacia mi boca con canastas llenas de comida
and they walked toward my mouth with baskets full of food
Había patas y hombros de cordero
There were legs and shoulders of mutton
pero eran más pequeños que las alas de una alondra
but they were smaller than the wings of a lark

Los comí dos o tres en un bocado
I ate them two or three at a mouthful
y tomé tres panes a la vez
and I took three loaves at a time
Me suministraron tan rápido como pudieron
They supplied me as fast as they could
y se maravillaron de mi apetito
and they marvelled at my appetite
Luego hice una señal de que quería algo de beber.
I then made a sign that I wanted something to drink
Supusieron que una pequeña cantidad no me bastaría
They guessed that a small quantity would not suffice me
Así que me trajeron su barril más grande
so they brought me their largest barrel
Lo hicieron rodar hacia mi mano
they rolled it towards my hand
y luego me abrieron la parte superior
and then they opened the top for me
Lo bebí de un trago
I drank it in one gulp
porque no contenía más de media pinta
because it did not hold more than half a pint
Me trajeron un segundo barril
They brought me a second barrel
También bebí este barril
I drank this barrel also
e hice señales para más
and I made signs for more
pero no tenían más que darme
but they had no more to give me
No podía dejar de preguntarme cuán atrevidas eran

estas pequeñas personas.
I could not but wonder how daring these tiny people were
Se aventuraron a montar y caminar sobre mi cuerpo.
they ventured to mount and walk upon my body
y sabían que mi mano estaba libre
and they knew my hand was free
pero a pesar de esto nunca temblaron ni una sola vez.
but despite this they never trembled once
a pesar de que debo haber parecido una criatura enorme para ellos
even though I must have seemed a huge creature to them

Después de algún tiempo vino una persona de alto rango
After some time a person of high rank came
era de Su Majestad Imperial
he was from his Imperial Majesty
Su Excelencia montó mi pierna derecha
His Excellency mounted my right leg
y luego avanzó hacia mi cara
and then he advanced to my face
Alrededor de una docena de sus hombres lo siguieron.
about a dozen of his men followed him
Habló durante unos diez minutos
he spoke for about ten minutes
A menudo señalaba en la misma dirección
he often pointed in the same direction
después descubrí que esto era hacia la ciudad capital
afterwards I found this was towards the capital city
Estaba a media milla de donde estábamos.
it was about half a mile from where we were

Su Majestad había ordenado que me llevaran
his Majesty had commanded that I should be carried
Hice una señal con mi mano que estaba suelta
I made a sign with my hand that was loose
pero me aseguré de no lastimar a su Excelencia
but I made sure not to hurt his Excellency
y demostré que deseaba ser liberado
and I showed that I desired to be freed
Parecía entenderme lo suficientemente bien
He seemed to understand me well enough
porque sacudió la cabeza
because he shook his head
Pero también hizo otras señales.
but he made other signs too
Esto me hizo saber que habría suficiente comida y bebida.
this let me know there would be enough food and drink
y me prometieron muy buen trato
and I was promised very good treatment
Pensé una vez más en intentar escapar
I thought once more of attempting to escape
pero luego recordé las heridas de sus flechas
but then I remembered the wounds from their arrows
Mi cara y mi mano estaban cubiertas de ampollas
my face and hand were covered in blisters
y observé que el número de mis enemigos había aumentado.
and I observed that the number of my enemies had increased
Di una señal para mostrar que tenían mi permiso
I gave a sign to show they had my permission

Podían hacer conmigo lo que quisieran
they could do with me as they pleased
Luego me frotaron la cara y las manos con un ungüento de olor dulce.
Then they rubbed my face and hands with a sweet-smelling ointment
En pocos minutos todo el dolor había desaparecido
in a few minutes all the pain was gone
El alivio del dolor y el hambre me adormecía
The relief from pain and hunger made me drowsy
y me quedé dormido de nuevo
and I fell asleep again
Dormí unas ocho horas, como me dijeron después.
I slept about eight hours, as I was told afterwards
y no fue sorprendente
and it was not surprising
Habían mezclado una medicina para dormir en el barril de vino
they had mingled a sleeping medicine into the barrel of wine

Parece que el emperador había sido bien informado de mi llegada.
It seems that the emperor had been well informed of my arrival
Se habían dado cuenta de que venía a su isla
they had noticed me coming onto their island
y deben haberme seguido en secreto
and they must have followed me secretly
cuando me quedé dormido se decidió atarme
when I fell asleep it had been decided to tie me up

pero también habían preparado la comida y la bebida con mucha antelación.
but they had also prepared the food and drink well in advance

y una máquina había sido preparada para llevarme a la ciudad capital
and a machine had been prepared to carry me to the capital city

Quinientos carpinteros e ingenieros fueron empleados
Five hundred carpenters and engineers were employed

Inmediatamente se pusieron a trabajar para preparar el motor
they immediately set to work to prepare the engine

Era un marco de madera
It was a frame of wood

Lo levantaron a tres pulgadas del suelo
they raised it three inches from the ground

y tenía unos siete pies de largo y cuatro de ancho.
and it was about seven feet long, and four wide

Se movía sobre veintidós ruedas
it moved upon twenty-two wheels

Pero la dificultad era ponerme en ello
But the difficulty was to put me on it

Ochenta postes fueron erigidos para este propósito.
Eighty poles were erected for this purpose

y se sujetaron cuerdas muy fuertes a vendajes
and very strong cords were fastened to bandages

Los obreros los habían atado a mi alrededor.
the workmen had tied these around me

alrededor de mi cuello, manos, cuerpo y piernas
around my neck, hands, body, and legs

Novecientos de los hombres más fuertes fueron acorralados.
Nine hundred of the strongest men were then rounded up
Tiraban de estas cuerdas con poleas
they pulled these cords with pulleys
Moverme a la plataforma tomó menos de tres horas
moving me onto the platform took less than three hours
y allí me ataron de nuevo
and there they tied me again
Mil quinientos de los caballos más grandes del Emperador fueron acorralados
Fifteen hundred of the Emperor's largest horses were rounded up
Cada caballo medía aproximadamente cuatro pulgadas y media de alto
each horse was about four inches and a half high
y luego fueron empleados para llevarme hacia la capital.
and they were then employed to pull me towards the capital
Pero mientras todo esto se hacía, me acosté en un sueño profundo.
But while all this was done I lay in a deep sleep
y no me desperté hasta cuatro horas después de que comenzamos nuestro viaje.
and I did not wake till four hours after we began our journey

Finalmente habíamos llegado a la capital
we had finally reached the capital
El Emperador y toda su Corte salieron a nuestro

encuentro
The Emperor and all his Court came out to meet us
pero no arriesgarían la vida del Emperador
but they would not risk the Emperor's life
Así que no entró en mi cuerpo
so he did not go onto my body
Paramos cerca de la gran puerta de la ciudad
we stopped near the great gate of the city
Aquí había un antiguo templo
here there stood an ancient temple
Supuestamente este era el templo más grande de todo el reino.
supposedly this was the largest temple in the whole kingdom
y aquí se determinó que debía alojarme
and here it was determined that I should lodge
Podría arrastrarme fácilmente a través de la gran puerta, si me quisieran en su ciudad.
I could easily creep through the great gate, if they wanted me in their city
Me fijaron noventa y una cadenas
they fixed ninety-one chains to me
cadenas como las que cuelgan del reloj de una dama
chains like those which hang to a lady's watch
y me cerraron la pierna izquierda con treinta y seis candados
and they locked my left leg with thirty-six padlocks
Los trabajadores determinaron que era imposible para mí soltarme
the workmen determined it was impossible for me to break loose

y luego cortaron todas las cuerdas que me ataban
and then they cut all the strings that bound me
Me levanté por primera vez desde que dormí en la isla
I rose up for the first time since I had slept on the island
y me sentí tan melancólica como nunca en mi vida
and I felt as melancholy as I ever had in my life
El ruido y el asombro de la gente era inefable
the noise and astonishment of the people was inexpressible
Nunca habían visto algo tan grande de pie
they had never seen something so big stand up
Las cadenas que sostenían mi pierna izquierda tenían aproximadamente dos yardas de largo.
The chains that held my left leg were about two yards long
Tenía suficiente libertad para caminar en semicírculo
I had enough freedom to walk in a semicircle
y casi podía acostarme de cuerpo entero dentro del templo
and I could just about lie at full length inside the temple
El emperador avanzó hacia mí de entre sus cortesanos.
The Emperor advanced toward me from among his courtiers
Me examinó con gran admiración
he surveyed me with great admiration
Pero se quedó más allá de la longitud de mi cadena.
but he stayed beyond the length of my chain
Era más alto que el resto de sus hombres.
He was taller than the rest of his men
pero solo por aproximadamente la longitud de media uña
but only by about the length of half a fingernail
Esto solo fue suficiente para asombrar a los

espectadores.
this alone was enough to strike awe into the beholders
Para mejor contemplarlo, me acuesto de costado
The better to behold him, I lay down on my side
para que mi cara estuviera al nivel de la suya
so that my face was level with his
y se paró a tres yardas de distancia
and he stood three yards off
Sin embargo, lo he tenido en mi mano muchas veces desde entonces.
However, I have had him in my hand many times since then
y por lo tanto no puedo ser engañado
and therefore I cannot be deceived
Su vestido era muy simple
His dress was very simple
pero llevaba un casco ligero de oro
but he wore a light helmet of gold
Estaba adornado con joyas y un penacho
it was adorned with jewels and a plume
Sostuvo su espada desenvainada en su mano, para defenderse si me soltaba.
He held his sword drawn in his hand, to defend himself if I should break loose
Tenía casi tres pulgadas de largo
it was almost three inches long
y la empuñadura era de oro, enriquecida con diamantes
and the hilt was of gold, enriched with diamonds
Su voz era estridente, pero muy clara
His voice was shrill, but very clear
Su Majestad Imperial me habló a menudo

His Imperial Majesty spoke often to me
y le respondí lo mejor que pude
and I answered him as best I could
pero ninguno de nosotros podía entender una palabra
but neither of us could understand a word

Capítulo Dos
Chapter Two

Después de unas dos horas, la Corte se retiró
After about two hours the Court retired
Me dieron una guardia fuerte
I was given a strong guard
Mantuvo a la multitud a distancia
he kept the crowd at a distance
Parte de la multitud era bastante insolente
some of the crowd was rather impudent
Me senté junto a la puerta de mi casa
I sat by the door of my house
y me disparan sus flechas
and they shoot their arrows at me
Pero el coronel ordenó que seis de ellos fueran capturados.
But the colonel ordered six of them to be seized
Los tenía atados con una cuerda
he had them tied up with string
y los entregó en mis manos
and he delivered them into my hands
Puse cinco de ellos en el bolsillo de mi abrigo
I put five of them into my coat pocket
el sexto hombre que sostuve frente a mí
the sixth man I held in front of me
luego hice una mueca como si fuera a comerlo
then I made a face as if I would eat him
El pobre hombre gritó terriblemente
The poor man screamed terribly
y el coronel y sus oficiales estaban muy angustiados.

and the colonel and his officers were much distressed
se preocuparon aún más cuando saqué mi navaja
they grew even more concerned when I took out my penknife
Pero pronto les tranquilicé
But I soon set their minds at ease
Corté las cuerdas con las que estaba atado
I cut the strings he was bound with
y lo puse suavemente en el suelo
and I put him gently on the ground
Desde allí corrió tan rápido como pudo.
from there he ran as fast as he could
Traté al resto de la misma manera
I treated the rest in the same manner
Los saqué uno por uno de mi bolsillo
I took them one by one out of my pocket
a la tercera vez que lo hice, la multitud vio el humor
by the third time I did it the crowd saw the humour
y todos estaban encantados con esta marca de mi bondad
and all were delighted at this mark of my kindness

Hacia la noche me retiré a dormir
Toward night I retired to sleep
Me metí en mi alojamiento con cierta dificultad
I got into my lodgings with some difficulty
y aquí yacía en el suelo
and here I lay on the ground
Tuve que hacerlo durante quince días
I had to do so for a fortnight
Todavía se estaba preparando una cama para mí

a bed was still being prepared for me
Se estaba haciendo de seiscientas camas ordinarias
it was being made of six hundred ordinary beds
Así como muchos siervos fueron nombrados para mí
just as many servants were appointed to me
y trescientos sastres me hicieron un traje de ropa
and three hundred tailors made me a suit of clothes
Además, me dieron seis de los más grandes eruditos de Su Majestad.
Moreover, I was given six of his Majesty's greatest scholars
Fueron empleados para enseñarme su idioma
they were employed to teach me their language
pronto pude conversar un poco con el Emperador.
soon I was able to converse a little with the Emperor
A menudo me honraba con sus visitas
he often honoured me with his visits
Primero aprendí a decir que quería mi libertad
first I learned how to say I wanted my liberty
todos los días lo repetía de rodillas
every day I repeated it on my knees
Pero él respondió que tomaría tiempo
but he answered that it would take time
primero debo jurar paz con él y su reino
first I must swear a peace with him and his kingdom

También había una ley de la nación:
there was also a law of the nation:
Debo ser registrado por dos de sus oficiales
I must be searched by two of his officers
Esto no podría hacerse sin mi ayuda

this could not be done without my help
Él confió en ellos en mis manos
he trusted them in my hands
y me prometieron que todo lo que me quitaron sería devuelto
and I was promised all they took from me would be returned
cuando salgo del país
when I leave the country
Tomé a los dos oficiales
I took up the two officers
y los puse en los bolsillos de mi abrigo
and I put them into my coat pockets
Los caballeros tenían lápiz y papel con ellos
The gentlemen had pen and paper with them
e hicieron una lista exacta de todo lo que vieron
and they made an exact list of everything they saw
Traduje sus notas a nuestro idioma
I translated their notes into our language
"Entramos en el bolsillo derecho del abrigo del Hombre-Montaña"
"we went into the right coat pocket of the Man-Mountain"
"Aquí encontramos solo un gran trozo de tela gruesa"
"here we found only one great piece of coarse cloth"
"lo suficientemente grande como para alfombrar la habitación más grande del castillo"
"large enough to carpet the largest room of the castle"
"En el bolsillo izquierdo vimos un enorme cofre plateado"
"In the left pocket we saw a huge silver chest"
"Tenía una cubierta plateada"

"it had a silver cover on it"
"Pero no pudimos abrirlo"
"but we could not open it"
"Le pedimos al hombre gigante que abriera el cofre"
"we asked the giant man to open the chest"
"Uno de nosotros entró en él"
"one of us stepped into it"
"Estaba hasta las piernas en una especie de polvo"
"he was up to his legs in a sort of dust"
"Parte del polvo voló a nuestras caras"
"some of the dust flew into our faces"
"Y el polvo nos envió a ambos a un ataque de estornudos"
"and the dust sent us both into a fit of sneezing"
"Luego fuimos al bolsillo derecho de su chaleco"
"then we went to his right waistcoat pocket"
"Aquí encontramos una serie de sustancias blancas delgadas"
"here we found a number of white thin substances"
"Estaban doblados uno sobre el otro"
"they were folded one over the other"
"Cada uno era aproximadamente del tamaño de tres hombres"
"each was about the size of three men"
"Estaban atados con un cable fuerte"
"they were tied with a strong cable"
"Y estaban marcados con figuras negras"
"and they were marked with black figures"
"Asumimos humildemente que es su sistema de escritura"
"we humbly assume it is their writing system"

"En la izquierda había una especie de motor"
"In the left there was a sort of engine"
"En la parte trasera del motor había veinte postes largos"
"at the back of the engine there were twenty long poles"
"Suponemos que así es como el hombre-montaña se peina"
"we assume this is how the man-mountain combs his hair"
"Luego entramos en el bolsillo más pequeño del lado derecho"
"then we went into the smaller pocket on the right side"
"Aquí había varias piezas redondas planas de metal"
"here there were several round flat pieces metal"
"Algunos de ellos parecían ser plateados"
"some of them appeared to be silver"
"Pero eran tan grandes que no podíamos levantarlos"
"but they were so large we could not lift them"
"De otro bolsillo colgaba una enorme cadena de plata"
"From another pocket hung a huge silver chain"
"Al final de la cadena había un tipo maravilloso de motor"
"at the end of the chain was a wonderful kind of engine"
"Un globo mitad plata y mitad de metal transparente"
"a globe half silver and half of some transparent metal"
"En el lado transparente vimos ciertas figuras extrañas"
"on the transparent side we saw certain strange figures"
"Pensamos que podíamos tocarlos"
"we thought we could touch them"
"Pero descubrimos que nuestros dedos fueron detenidos por la sustancia brillante"

"but we found our fingers were stopped by the shining substance"
"Este motor hacía un ruido incesante"
"This engine made an incessant noise"
"Sonaba como un molino de agua"
"it sounded like a water-mill"
"O es algún animal desconocido o su Dios"
"it is either some unknown animal or their God"
"Probablemente sea lo último"
"it is probably the latter"
"Porque nos dijo que siempre se refiere a ello"
"because he told us that he always refers to it"
"Esta es una lista de lo que encontramos en el Hombre-Montaña"
"This is a list of what we found on the Man-Mountain"
"Hay que decir que nos trató con gran cortesía"
"it should be said that he treated us with great civility"
También tenía un bolsillo privado que escapó a su búsqueda
I also had one private pocket which escaped their search
Contenía un par de gafas
it contained a pair of spectacles
y también tenía un pequeño catalejo
and it also had a small spy-glass
pero estos no tuvieron ninguna importancia para el Emperador.
but these were of no consequence to the Emperor
así que no sentí que tenía que mencionarlo
so I did not feel I had to mention it

Capítulo Tercero
Chapter Three

Mi gentileza se ganó la confianza del Emperador
My gentleness gained the trust of the Emperor
y la gente en general también lo notó.
and the people in general noticed it too
Comencé a tener esperanzas de obtener mi libertad pronto.
I began to have hopes of getting my liberty soon
Los nativos lentamente se volvieron menos temerosos de mí.
The natives slowly became less fearful of me
A veces extendía mi mano por los niños
I would sometimes hold my hand out for the children
y dejaba que cinco o seis de ellos bailaran en mi mano
and I would let five or six of them dance on my hand
Al final, incluso jugaron al escondite en mi cabello.
in the end they even played hide-and-seek in my hair
Los caballos del ejército ya no eran tímidos
The horses of the army were no longer shy
Cada día fueron llevados más allá de mí
each day they were led past me
un día decidí divertir al Emperador
one day I decided to amuse the Emperor
Tomé nueve palos pequeños
I took nine small sticks
y los fijó firmemente en el suelo en un cuadrado
and fixed them firmly in the ground in a square
Luego tomé otros cuatro palos
Then I took four other sticks

Los até paralelos a cada esquina
I tied them parallel to each corner
esto lo levanté a unos dos pies del suelo
this I raised about two feet from the ground
y todos los palos sobresalían del suelo
and all the sticks stood out of the ground
Sujeté mi pañuelo a los nueve palos
I fastened my handkerchief to the nine sticks
y extendí el pañuelo por todos lados
and I extended the handkerchief on all sides
hasta que estuvo tan tenso como un tambor
till it was as taut as a drum
Invité a una tropa de sus mejores caballos al dosel
I invited a troop of his best horses onto the canopy
Podrían hacer sus actuaciones en él
they could do their performances on it
Su Majestad aprobó la propuesta
His majesty approved of the proposal
y los tomé uno por uno
and I took them up one by one
y a cada oficial se le ocurrió su caballo
and each officer came up with his horse
Tan pronto como se pusieron en orden, se dividieron en dos partes.
As soon as they got into order they divided into two parties
Descargaron flechas contundentes
they discharged blunt arrows
Sacaron sus espadas y lucharon
they drew their swords and battled
Huyeron y se persiguieron unos a otros como en la guerra.

they fled and pursued each other just like in war
mostraron la mejor disciplina militar que he visto
they showed the best military discipline I ever seen
el Emperador estaba muy encantado con el entretenimiento
the Emperor was very much delighted with the entertainment
y ordenó que se repitiera varias veces
and he ordered it to be repeated several times
incluso convencimos a la emperatriz para que me dejara sostenerla en su silla.
we even persuaded the Empress to let me hold her in her chair
De esta manera podía ver la actuación desde arriba
this way she could see the performance from above
Afortunadamente no ocurrió ningún accidente grave
Fortunately no serious accident happened
Una vez un caballo temperamental hizo un agujero en mi pañuelo
once a temperamental horse struck a hole in my handkerchief
Derrocó a su jinete y a sí mismo
he overthrew his rider and himself
Pero inmediatamente los ayudé a ambos a levantarse.
But I immediately helped them both up
y cubrí el agujero con una mano
and I covered the hole with one hand
Dejé la tropa como los había tomado
I set down the troop as I had taken them up
El caballo que cayó había tensado su hombro
The horse that fell had strained its shoulder

pero el jinete no resultó herido
but the rider was not hurt
y reparé mi pañuelo lo mejor que pude
and I repaired my handkerchief as well as I could
Sin embargo, ya no confiaba en su fuerza.
However, I didn't trust the strength of it any more

Había hecho muchas súplicas por mi libertad.
I had made many pleas for my liberty
Su Majestad incluso celebró una reunión para ello
his Majesty even held a meeting for it
La noción no fue rechazada por nadie, excepto por uno.
the notion was opposed by none except one
Skyresh Bolgolam, el almirante del reino
Skyresh Bolgolam, the admiral of the realm
Había decidido convertirse en mi enemigo
he had decided to make himself my enemy
Lo hizo sin ninguna provocación.
he did so without any provocation
Sin embargo, finalmente accedió a dejarme libre.
However, he finally agreed to let me free
Pero logró establecer algunas condiciones.
but he succeeded in drawing up some conditions
Estas condiciones me fueron leídas
these conditions were read to me
y tuve que prometer seguir sus órdenes
and I had to promise to follow their orders
Esta promesa fue hecha a su manera tradicional.
this promise was made in their traditional way
Tuve que sostener mi pie derecho en mi mano izquierda
I had to hold my right foot in my left hand

y tuve que poner mi dedo medio en mi cabeza
and I had to place my middle finger on my head
Mi pulgar tenía que estar en la parte superior de mi oreja derecha
my thumb had to be on the top of my right ear
y luego tuve que repetir sus condiciones
and then I had to repeat their conditions
He hecho una traducción de las condiciones:
I have made a translation of the conditions:
"Golbaste Mamarem Evlame Gurdile Shefin Mully Ully Gue"
"Golbaste Mamarem Evlame Gurdile Shefin Mully Ully Gue"
"Emperador más poderoso de Liliput"
"Most Mighty Emperor of Lilliput"
"Deleite y terror del universo"
"delight and terror of the universe"
"Sus dominios se extienden hasta los confines del globo"
"his dominions extends to the ends of the globe"
"Monarca de todos los monarcas"
"monarch of all monarchs"
"más alto que los hijos de los hombres"
"taller than the sons of men"
"Sus pies presionan hacia el centro de la tierra"
"his feet press down to the centre of the earth"
"Y su cabeza golpea contra el sol"
"and his head strikes against the sun"
"A su asentimiento los príncipes de la tierra sacuden sus rodillas"
"at his nod the princes of the earth shake their knees"

"tan agradable como la primavera"
"as pleasant as the spring"
"Tan cómodo como el verano"
"as comfortable as the summer"
"Tan fructífero como el otoño"
"as fruitful as autumn"
"Tan terrible como el invierno"
"as dreadful as winter"
"Su Sublime Majestad ofrece al Hombre-Montaña"
"His Most Sublime Majesty offers to the Man-Mountain"
"El que últimamente llegó a nuestros dominios celestiales"
"the one who lately arrived at our celestial dominions"
"Por juramento solemne estará obligado a realizar lo siguiente"
"by a solemn oath he shall be obliged to perform the following"

"Primero. El Hombre-Montaña necesita permiso para salir de nuestros dominios"
"First. The Man-Mountain needs permission to depart from our dominions"
""Segundo. Necesita permiso para entrar en nuestra metrópoli"
""Second. He needs permission to come into our metropolis"
"Los habitantes tendrán dos horas de aviso antes de que esto suceda"
"the inhabitants shall have two hours' warning before this happens"
"Tercero. El Hombre-Montaña limitará sus caminatas

a nuestras carreteras
"Third. The Man-Mountain shall confine his walks to our highways

"No puede caminar ni acostarse en un prado o campo de maíz"
"he can't walk or lie down in a meadow or field of corn"

"Cuarto. debe tener cuidado de no pisotear a nuestra gente"
"Fourth. he must take care not to trample on our people"

"Debe tomar las mismas precauciones para nuestros caballos y carruajes"
"he must take the same precautions for our horses and carriages"

"Y debe pedir permiso para recoger a alguien"
"and he must ask permission to pick anyone up"

"Quinto. Si requerimos que se envíen mensajes, el Hombre-Montaña nos ayudará"
"Fifth. If we require messages to be sent the Man-Mountain will help us"

"Pondrá al mensajero y al caballo en su bolsillo"
"he will put the messenger and the horse in his pocket"

"Los llevará durante seis días"
"he will carry them for six days"

"Y él devolverá al mensajero, si así se requiere"
"and he will return the messenger, if so required"

"Sexto. Él será nuestro aliado contra nuestros enemigos"
"Sixth. He shall be our ally against our enemies"

"los isleños de Blefuscu"
"the islanders of Blefuscu"

"Y hará todo lo posible para destruir su flota"

"and he will do his utmost to destroy their fleet"
"Porque ahora se están preparando para invadirnos"
"because they are now preparing to invade us"
"Por último. Si el Hombre-Montaña mantiene su juramento:"
"Lastly. If the Man-Mountain keeps his oath:"
"Tendrá una ración diaria de carne y bebida"
"he will have a daily allowance of meat and drink"
"suficiente para el sustento de mil setecientos veinticuatro de nuestro pueblo"
"sufficient for the support of one thousand seven hundred and twenty four of our people"
"Tendrá libre acceso a nuestra persona real"
"he will have free access to our royal person"
"Y ganará muchos favores de nosotros"
"and he will gain many favours from us"
"Declarado en nuestro palacio en Belfaburac"
"Declared at our palace at Belfaburac"
"El duodécimo día de la nonagésima primera luna de nuestro reinado"
"the twelfth day of the ninety-first moon of our reign"
Juré estas condiciones con gran alegría
I swore to these conditions with great cheerfulness
Entonces mis cadenas fueron inmediatamente desbloqueadas
then my chains were immediately unlocked
y yo estaba en plena libertad
and I was at full liberty

Había tenido alrededor de quince días de mi libertad
I had had about a fortnight of my freedom

entonces una mañana Reldresal vino a mí
then one morning Reldresal come to me
es el secretario de asuntos privados del Emperador.
he is the Emperor's secretary for private affairs
Fue atendido solo por un sirviente.
he was attended only by one servant
Ordenó a su siervo que esperara a distancia.
He ordered his servant to wait at a distance
y me pidió una hora de mi atención
and he asked me for an hour of my attention
Me ofrecí a acostarme por él
I offered to lie down for him
De esta manera podría resultarle más fácil llegar a mi oído
this way he might find it easier to reach my ear
pero él eligió dejarme sostenerlo en mi mano
but he chose to let me hold him in my hand
Comenzó con elogios a mi libertad.
He began with compliments on my liberty
pero agregó que tuve suerte de ser liberado.
but he added that I was lucky to to be freed
"Las cosas pueden parecer florecientes para los extranjeros"
"things may seem flourishing to foreigners"
"Pero estamos en peligro de una invasión"
"but we are in danger of an invasion"
"hay otra isla llamada Blefuscu"
"there is another island called Blefuscu"
"En esta isla está el otro gran imperio del universo"
"on this island is the other great empire of the universe"
"Es casi tan grande y poderoso como nuestro reino"

"it is almost as large and powerful as our kingdom"
"Sé que has dicho que hay otros reinos"
"I know you've said there are other kingdoms"
"Reinos habitados por criaturas humanas tan grandes como tú"
"kingdoms inhabited by human creatures as large as yourself"
"Pero nuestros filósofos son muy dudosos"
"but our philosophers are very doubtful"
"Piensan que te caíste de la luna"
"they think that you dropped from the moon"
"O tal vez has venido de una de las estrellas"
"or perhaps you've come from one of the stars"
"Porque no habría espacio para cien tú"
"because there would not be space for a hundred you"
"Destruirías rápidamente toda la fruta y el ganado"
"you would quickly destroy all the fruit and cattle"
"y no quedaría nada de los dominios de Su Majestad"
"and there would be nothing left of his Majesty's dominions"
"Además, hemos mirado nuestra historia"
"Besides, we have looked at our history"
"Tenemos registros de más de seis mil lunas"
"we have records of over six thousand moons"
"Y no mencionan ninguna otra región"
"and they make no mention of any other regions"
"Todo lo que está escrito son dos poderosos imperios"
"all that is written of are two mighty empires"
"está Lilliput y está Blefuscu"
"there is Lilliput and there is Blefuscu"
**"De todos modos, estaba a punto de hablarte de

Blefuscu"
"anyway, I was about to tell you of Blefuscu"
"Están involucrados en una guerra muy obstinada"
"they are engaged in a most obstinate war"
"Comenzó de la siguiente manera"
"it began in the following manner"
"En el pasado las leyes eran muy diferentes"
"in the past the laws were quite different"
"Uno podría romper un huevo de la manera que quisiera"
"one could break an egg any way you liked"
"Uno podría incluso romper el huevo en el extremo más grande"
"one could even break the egg at the larger end"
"El bisabuelo de la actual majestad era un niño"
"the present majesty's great grandfather was a young boy"
"Estaba rompiendo un huevo de la manera tradicional"
"he was breaking an egg in the traditional way"
"Resultó que estaba rompiendo el huevo en el extremo más grande"
"he happened to be breaking the egg at the larger end"
"Y de esto se cortó uno de sus dedos"
"and from this he happened to cut one of his finger"
"Después de esto, su padre cambió la ley"
"after this his father changed the law"
(su padre era el emperador en ese momento)
(his father was the emperor at the time)
"A partir de entonces tuvimos que romper huevos del extremo más pequeño"
"from then on we had to break eggs from the smaller end"
"La gente estaba resentida con esta ley"

"The people resented this law"
"Y ha habido seis rebeliones debido a ello"
"and there have been six rebellions due to it"
"Un emperador perdió la vida"
"one emperor lost his life"
"Y otro emperador perdió su corona"
"and another emperor lost his crown"
"Hemos hecho cálculos de nuestros libros de historia"
"we have made calculations from our history books"
"Mil quinientas personas han violado la ley"
"eleven hundred persons have broken the law"
"y el emperador de Blefuscu anima a los grandes"
"and the Emperor of Blefuscu encourages the big-enders"
"Siempre han huido a él en busca de refugio"
"they have always fled to him for refuge"
"Esta sangrienta guerra ha durado seis y treinta lunas"
"this bloody war has gone on for six-and-thirty moons"
"y ahora los blefuscudianos han equipado una gran flota de barcos"
"and now the Blefuscudians have equipped a large fleet of ships"
"Se están preparando para atacarnos"
"they are preparing to attack us"
"Su Majestad Imperial deposita una gran confianza en su fuerza"
"his Imperial Majesty places great confidence in your strength"
"Y me ha pedido que presente el caso ante ti"
"and he has asked me to set the case before you"
Deseaba que el secretario presentara mi humilde deber al Emperador.

I desired the secretary to present my humble duty to the Emperor
"hazle saber que estoy listo"
"let him know that I am ready"
"Arriesgaré mi vida para defenderlo de los invasores"
"I will risk my life to defend him against the invaders"

Capítulo Cuarto
Chapter Four

poco después hablé con Su Majestad
soon afterwards I spoke with his Majesty
Le conté mi plan
I told him my plan
Me apoderaría de toda la flota enemiga
I would seize the enemy's whole fleet
El Imperio de Blefuscu es también una isla
The Empire of Blefuscu is also an island
El canal entre las dos islas tiene unos ochocientos metros de ancho
the channel between the two islands is about eight hundred yards wide
Consulté con los marineros más experimentados
I consulted with the most experienced seamen
y me informaron sobre la profundidad del canal
and they informed me on the depth of the channel
En el medio, en aguas altas, había setenta Glumguffs
in the middle, at high water, it was seventy glumguffs
(unos seis pies de medida europea)
(about six feet of European measure)
Caminé hacia la costa
I walked toward the coast
aquí me escondí detrás de una colina
here I hid behind a hill
y saqué mi catalejo
and I took out my spy-glass
Pude ver la flota enemiga anclada
I could see the enemy's fleet at anchor

unos cincuenta hombres de guerra y otros buques
about fifty men-of-war, and other vessels
Luego volví a mi casa
I then came back to my house
Pedí sus cables y barras de hierro más fuertes.
I asked for their strongest cables and bars of iron
El cable era casi tan grueso como el hilo del paquete
The cable was about as thick as pack-thread
y las barras tenían el tamaño de una aguja de tejer
and the bars had the size of a knitting-needle
Tripliqué el cable para hacerlo más fuerte
I trebled the cable to make it stronger
y torcí tres de las barras de hierro juntas
and I twisted three of the iron bars together
y luego doblé los extremos en un gancho
and then I bent the ends into a hook
Hice cincuenta ganchos en cables
I made fifty hooks on cables
y volví a la costa
and I went back to the coast
Me quité el abrigo, los zapatos y las medias
I took off my coat, shoes, and stockings
y entré al mar con mi chaqueta de cuero
and I walked into the sea in my leather jacket
Esto fue aproximadamente media hora antes de la marea alta
this was about half an hour before high water
Vadeé tan rápido como pude
I waded as quick as I could
en el medio tuve que nadar unos treinta metros
in the middle I had to swim for about thirty yards

pero muy pronto volví a sentir el suelo
but very soon I felt the ground again
y así llegué a la flota en menos de media hora
and so I arrived at the fleet in less than half an hour
El enemigo estaba muy asustado cuando me vieron
The enemy was very frightened when they saw me
Saltaron de sus barcos y nadaron hasta tierra
they leaped out of their ships and swam ashore
No podría haber habido menos de treinta mil de ellos
there could not have been fewer than thirty thousand of them
Sujeté un gancho al agujero en la proa de cada barco
I fastened a hook to the hole at the prow of each ship
y até todas las cuerdas juntas al final
and I tied all the cords together at the end

Mientras tanto, el enemigo disparó varios miles de flechas.
Meanwhile the enemy discharged several thousand arrows
Muchas de las flechas se clavaron en mis manos y cara
many of the arrows stuck in my hands and face
Mi mayor temor era por mis ojos
My greatest fear was for my eyes
Podría haber quedado cegado si no hubiera pensado en traer mis gafas.
I could have been blinded had I not thought of bringing my spectacles
Saqué mis gafas
I took out my glasses
y los sujetó a mi nariz
and fastened them upon my nose

completamente armado seguí con mi trabajo
fully armed I went on with my work
y seguí adelante a pesar de las flechas
and I kept going in spite of the arrows
Muchas de las flechas golpearon contra mis gafas
many of the arrows struck against my spectacles
pero solo rebotaron en el vidrio
but they only bounced off the glass
Entonces, tomando el nudo en mi mano, comencé a tirar
Then, taking the knot in my hand, I began to pull
pero ni un barco se agitaría
but not a ship would stir
Fueron sostenidos por sus anclas
they were held by their anchors
Así que la parte más audaz de mi empresa permaneció
so the boldest part of my enterprise remained
Solté el cable
I let go of the cord
y saqué mi fiel cuchillo
and I took out my trusty knife
Corté los cables que sujetaban los anclajes
I cut the cables that fastened the anchors
Debo haber recibido más de doscientas inyecciones
I must have received more than two hundred shots
Mis manos y mi cara estaban cubiertas de sus flechas
my hands and face was covered in their arrows
Luego volví a recoger los cables
Then I collected the cables again
Esta vez todo fue mucho más fácil
this time everything was much easier

Llevé conmigo a cincuenta de los hombres de guerra más grandes del enemigo.
I pulled fifty of the enemy's largest men-of-war with me
los blefuscudianos vieron su flota moverse
the Blefuscudians saw their fleet moving
y vieron que era yo tirando de él
and they saw it was me pulling it
Dejaron escapar un grito derrotado
they let out a defeated screamed
Su dolor y desesperación eran imposibles de describir.
their grief and despair was impossible to describe
pronto había salido del peligro
soon I had got out of danger
y sus flechas ya no podían alcanzarme
and their arrows couldn't reach me anymore
Me detuve un rato para distinguir las flechas que se me clavaron en las manos y la cara.
I stopped awhile to pick out the arrows that stuck in my hands and face
y froté un poco del mismo ungüento que me dieron a mi llegada
and I rubbed on some of the same ointment that was given me at my arrival
Luego me quité las gafas
I then took off my spectacles
Esperé a que la marea bajara un poco
I waited for the tide to fall a little
y me dirigí al puerto real de Lilliput
and I waded on to the royal port of Lilliput

El emperador y toda su corte estaban en la orilla esperándome.
The Emperor and his whole Court stood on the shore awaiting me
Vieron las naves avanzar en una gran media luna.
They saw the ships move forward in a large half-moon
pero no podían discernirme
but they could not discern me
Todavía estaba en medio del canal
I was still in the middle of the channel
y estaba bajo el agua hasta el cuello
and I was under water up to my neck
El emperador concluyó que me había ahogado
The Emperor concluded that I had drowned
y pensó que la flota enemiga se acercaba de manera hostil.
and he thought that the enemy's fleet was approaching in a hostile manner
Pero su mente pronto se tranquilizó.
But he his mind was soon set at ease
el canal se volvió menos profundo con cada paso que di
the channel got shallower with every step I made
en poco tiempo me acerqué a escuchar
in a short time I came within hearing
Sostuve el extremo del cable por el cual se sujetaba la flota
I held up the end of the cable by which the fleet was fastened
y exclamé en voz alta:
and I exclaimed in a loud voice:
"¡Viva el emperador de Liliput!"

"Long live the Emperor of Lilliput!"
El Príncipe me recibió lleno de posible alegría
The Prince received me full of possible joy
y me hizo un Nardal en el acto
and he made me a Nardal on the spot
el más alto título de honor entre ellos
the highest title of honour among them
Su Majestad quería que volviera
His Majesty wanted me to return
"Aprovecha la oportunidad para conseguir todos sus barcos"
"use the opportunity to get all of their ships"
"¡conquista todo el Imperio de Blefuscu!"
"conquer the whole Empire of Blefuscu!"
Entonces sería el único monarca del mundo.
then he would be the sole monarch of the world
Pero protesté contra su hambre de poder.
But I protested against his hunger for power
"Nunca esclavizaré a personas valientes y libres"
"I will never enslave brave and free people"
el más sabio de los ministros era de mi opinión
the wisest of the Ministers were of my opinion
pero yo había rechazado abiertamente la ambición de Su Majestad
but I had openly refused his Majesty's ambition
y él nunca pudo perdonar mi desafío
and he could never forgive my defiance
A partir de este momento surgió un riff entre nosotros
from this time a riff emerged between us
sus ministros que eran mis enemigos ganaron fuerza
his Ministers that were my enemies gained in strength

Conspiraron para mi derrocamiento
they plotted for my overthrow
y casi terminó en mi destrucción total
and it nearly ended in my utter destruction

tres semanas después llegó el embajador de Blefuscu
three weeks later the ambassador from Blefuscu came
Humildemente hicieron ofrendas de paz
they humbly made offerings of peace
y pronto se firmó un tratado de paz
and a peace treaty was soon signed
los términos eran muy ventajosos para nuestro Emperador
the terms were very advantageous to our Emperor
Los embajadores también me visitaron
the ambassadors also paid me a visit
Me felicitaron por mi fuerza y generosidad
they complimented me on my strength and generosity
y me invitaron a su reino
and they invited me to their kingdom
Les pedí que enviaran mis respetos al Emperador.
I asked them to send my respect to the Emperor
y decidí encontrarme con él antes de regresar a mi país.
and I resolved to meet him before I returned to my country
así que la próxima vez que vi al Emperador le pedí permiso
so the next time I saw the Emperor I asked for permission
y me concedió permiso para irme
and he granted me permission to leave
Pero lo hizo de una manera muy fría.
but he did so in a very cold manner

fue solo más tarde que descubrí por qué
it was only later that I found out why

Me estaba preparando para presentar mis respetos al emperador de Blefuscu.
I was preparing to pay my respects to the Emperor of Blefuscu
una distinguida persona de la Corte vino a mi casa
a distinguished person of the Court came to my house
pero venía muy privado por la noche
but he came very privately at night
Era un buen amigo mío
he was a good friend of mine
así que puse su señorío en el bolsillo de mi abrigo
so I put his lordship into my coat pocket
Les dije a los guardias que no dejaran entrar a nadie.
I told the guards not to let anyone in
y abroché la puerta detrás de nosotros
and I fastened the door behind us
Puse a mi visitante sobre la mesa
I placed my visitor on the table
y me senté a su lado
and I sat down next to him
La cara de su señoría estaba llena de problemas
His lordship's face was full of trouble
Me pidió que lo escuchara con paciencia.
he asked me to hear him with patience
Me dijo que el asunto preocupaba mucho a mi señoría.
he told me the matter highly concerned my honour
y dijo que mi vida dependía de ello
and he said my life depended on it

"Ya sabes lo que Skyresh Bolgalom siente por ti"
"You already know how Skyresh Bolgalom feels about you"
"Él ha sido tu enemigo mortal desde que llegaste"
"he has been your mortal enemy ever since you arrived"
"su odio ha aumentado desde su gran éxito contra Blefuscu"
"his hatred is increased since your great success against Blefuscu"
"Oscureció su gloria como almirante"
"it obscured his glory as admiral"
"Este señor y otros te han acusado de traición"
"This lord and others have accused you of treason"
"Y se han celebrado varias reuniones sobre esto"
"and several meetings have been held about this"
"Estoy muy agradecido por todo lo que has hecho por nosotros"
"I am very grateful for all you've done for us"
"Así que arriesgaré mi propia cabeza por ti"
"so I will risk my own head for you"
"Permítanme relatar las reuniones celebradas"
"let me recount the meetings held"
"Aquí están los cargos que planean presentar contra usted:"
"here are the charges they plan to bring against you:"
"Primero, capturaste la flota imperial de Blefuscu"
"First, you captured the imperial fleet of Blefuscu"
"Y lo trajiste al puerto real"
"and you brought it into the royal port"
"Su Majestad le ordenó apoderarse de todos los demás barcos"

"his Majesty commanded you to seize all the other ships"
"Quería que los mataras"
"he wanted you to put them to death"
"Los que rompen el huevo en el extremo grande"
"those that crack the egg at the big end"
"Y quería la obediencia completa del resto de ellos"
"and he wanted complete obedience from the rest of them"
"Todos tuvieron que consentir en romper sus huevos en el extremo más pequeño"
"they all had to consent to break their eggs at the smaller end"
"Pero actuaste como un falso traidor"
"but you acted like a false traitor"
"Te excusaste del servicio"
"you excused yourself from the service"
"con el pretexto de no querer esclavizar a personas inocentes"
"on pretence of unwillingness to enslave innocent people"
"Entonces llegaron los embajadores de la Corte de Blefuscu"
"then the ambassadors arrived from the Court of Blefuscu"
"Otra vez actuaste como un falso traidor"
"again you acted like a false traitor"
"Los ayudaste y entretuviste"
"you aided and entertained them"
"Aunque sabías que eran sirvientes de un enemigo"
"even though you knew they were servants of an enemy"
"Además, ahora te estás preparando para viajar a la Corte de Blefuscu"
"Moreover, you are now preparing to voyage to the Court of Blefuscu"

"Esto es contrario al deber de un ciudadano fiel"
"this is contrary to the duty of a faithful citizen"
"Su Majestad les recordó los servicios que habíais hecho"
"his Majesty reminded them of the services you had done"
"Pero el almirante y el tesorero eran de otras opiniones"
"but the admiral and treasurer were of other opinions"
"Insistieron en que te debían poner en una muerte vergonzosa"
"they insisted that you should be put to a shameful death"
"Reldresal demostró ser un amigo para ti una vez más"
"Reldresal proved himself a friend to you once more"
"sugirió a Su Majestad que su vida debería ser perdonada"
"he suggested to his Majesty that your life should be spared"
"'Tal vez sus ojos podrían ser asomados', sugirió"
"'perhaps his eyes could be poked out,' he suggested"
"De esta manera, la justicia podría en cierta medida ser satisfecha"
"this way justice might in some measure be satisfied"
"Ante esto, el Gólgolam se levantó con furia"
"At this Bolgolam rose up in fury"
"¿Cómo podría el secretario desear preservar la vida de un traidor?"
"how could the secretary desire to preserve the life of a traitor?"
"El tesorero señaló el gasto de mantenerte"
"the treasurer pointed out the expense of keeping you"
"Y también instó a tu muerte"

"and he also urged your death"
"Pero sugirió un castigo diferente"
"but he suggested a different punishment"
"Sugirió disminuir su asignación gradualmente"
"he suggested lessening your allowance gradually"
"Y por falta de comida suficiente te debilitarías y te desmayarías"
"and for want of sufficient food you would grow weak and faint"
"Después de algunos meses morirías de esto"
"after some months you would die from this"
"Entonces te cortaban la carne de los huesos"
"then they would cut your flesh from your bones"
"Lo enterrarían en el campo"
"they would bury it in the countryside"
"Y tu esqueleto sería usado como monumento"
"and your skeleton would be used as a monument"
"A Su Majestad le gustó más este plan"
"His majesty liked this plan the most"
"Ordenó que este plan se mantuviera en secreto"
"he ordered this plan to be kept a secret"
"Y fue ingresado en los libros para sacarte los ojos"
"and it was entered in the books to poke your eyes out"
"En tres días tu amigo el secretario vendrá a tu casa"
"In three days your friend the secretary will come to your house"
"Él leerá la acusación ante ti"
"he will read the accusation before you"
"y señalará la gran misericordia de Su Majestad"
"and he will point out the great mercy of his Majesty"
"Él no duda que te someterás humildemente"

"he does not doubt you will submit humbly"
"Veinte de los cirujanos de Su Majestad realizarán la operación"
"Twenty of his Majesty's surgeons will perform the operation"
"Te harán tirarte en el suelo"
"they will have you lie on the ground"
"Y luego te lanzarán flechas muy puntiagudas en los ojos"
"and then they will discharge very sharp-pointed arrows into your eyes"
"Te dejo que consideres qué medidas tomarás"
"I leave you to consider what measures you will take"
"para escapar de la sospecha debo regresar inmediatamente"
"to escape suspicion I must immediately return"
y su señoría se fue inmediatamente
and his lordship left immediately

Me quedé solo, en gran perplejidad.
I remained alone, in great perplexity
Al principio estaba empeñado en la resistencia
At first I was bent on resistance
Podría destruir fácilmente la metrópoli con piedras.
I could quite easily destroy the metropolis with stones
pero rechacé esta horrible idea
but I rejected this horrible idea
Había hecho un juramento al Emperador.
I had made an oath to the Emperor
y recordé los favores que había recibido de él.
and I remembered the favours I had received from him

Todavía tenía el permiso de Su Majestad para visitar Blefuscu
I still had his Majesty's permission to visit Blefuscu
Decidí aprovechar esta oportunidad
I decided to take this opportunity
Presentaría mis respetos al emperador de Blefuscu
I would pay my respects to the Emperor of Blefuscu
Le escribí una carta a mi amigo el secretario
I wrote a letter to my friend the secretary
y le conté mi resolución
and I told him of my resolution
pero no esperé una respuesta
but I did not wait for an answer
Fui a la costa y entré en el canal
I went to the coast and entered the channel
vadeando y nadando llegaron al puerto de Blefuscu
wading and swimming reached the port of Blefuscu
La gente me había esperado durante mucho tiempo
the people had long expected me
y me condujeron a la capital
and they led me to the capital
Fui recibido por los funcionarios
I was welcomed by the officials
Su Majestad, la familia real y los grandes oficiales de la Corte
His Majesty, the royal family, and great officers of the Court
Fueron muy generosos con su entretenimiento
they were very generous with their entertainment
Esta también fue una gran nación
this too was a great nation

No mencioné mi desgracia con el emperador de Lilliput
I did not mention my disgrace with the Emperor of Lilliput
porque no supuse que el príncipe revelaría el secreto
because I did not suppose that the prince would disclose the secret
Pero en esto, pronto apareció, fui engañado
But in this, it soon appeared, I was deceived

Capítulo Cinco
Chapter Five

Había estado en Blefuscu durante tres días
I had been in Blefuscu for three days
Había llegado a conocer su ciudad
I had gotten to know their city
así que tenía curiosidad por el resto de su isla.
so I was curious about the rest of their island
Me dirigí al noreste a la costa
I headed North East to the coast
desde la distancia vi algo que parecía un barco
from a distance I saw something that looked like a boat
Me quité los zapatos y las medias
I pulled off my shoes and stockings
y vadeé doscientas o trescientas yardas a través del agua
and I waded two or three hundred yards through the water
a medida que me acercaba pude ver que realmente era un bote.
as I got closer I could see it really was a boat
Una tormenta debe haberlo empujado a la orilla
a storm must have pushed it to shore
Regresé inmediatamente a la ciudad
I returned immediately to the city
y fui a buscar ayuda
and I went to find help
Tomó mucho esfuerzo
it took a great deal of effort
pero finalmente logré llevar el barco al puerto de Blefuscu

but eventually I managed to get the boat to the port of Blefuscu

Una gran multitud de personas apareció
a great crowd of people appeared

Se maravillaron del tamaño de la embarcación
they marvelled at the size of the vessel

"La buena fortuna ha arrojado este barco en mi camino", le dije al Emperador.
"good fortune has thrown this boat my way" I told the Emperor

"Me llevará a otras tierras"
"it will carry me to other lands"

"y desde allí puedo encontrar mi país natal"
"and from there I can find my native country"

luego rogué por materiales para el barco
then I begged for materials for the ship

e hice muchos discursos amables sobre su país
and I made many kind speeches about his country

Así que se complació en conceder mis deseos.
so he was pleased to grant my wishes

Mientras tanto, el emperador de Lilliput se sentía incómodo.
Meanwhile the Emperor of Lilliput grew uneasy

Había estado fuera durante bastante tiempo
I had been away for quite a long time

(aunque él no sabía que yo conocía sus intenciones)
(although he did not know that I knew his intentions)

así que envió a una persona de rango a Blefuscu
so he sent a person of rank to Blefuscu

informó al emperador de Blefuscu de mi desgracia

he informed the Emperor of Blefuscu of my disgrace
Él habló de la misericordia de mi castigo
he told of the mercy of my punishment
"Hemos sido amables al no castigarlo hasta la muerte"
"we have been kind not to punish him to death"
"La pérdida de sus ojos es un precio justo a pagar"
"the loss of his eyes is a fair price to pay"
esperaba que su hermano de Blefuscu cumpliera
he expected his brother of Blefuscu to comply
pensó que me enviaría de vuelta a Lilliput
he thought he would have me sent back to Lilliput
pensó que estaría atado de pies y manos
he thought I would be bound hand and foot
y pensó que sería castigado como un traidor
and he thought I would be punished as a traitor
pero el emperador de Blefuscu respondió con muchas excusas civiles
but the Emperor of Blefuscu answered with many civil excuses
"Sabes que sería imposible atar al hombre-montaña"
"you know it would be impossible to bind the man-mountain"
"Le estoy agradecido por sus muchas buenas obras"
"I am grateful to him for his many good deeds"
"Él ha traído la paz entre nuestras naciones"
"he has brought peace between our nations"
"Incluso si se ha llevado nuestra flota"
"even if he has taken our fleet away"
"Pero nuestra mente pronto se aliviará"
"but our mind shall soon be eased"
"Ha encontrado un barco poderoso"

"he has found a mighty ship"
"Y juntos lo hemos hecho digno de navegar de nuevo"
"and together we have made it sea-worthy again"
"Pronto zarpará de nuevo"
"soon he will set sail again"
"Y nuestros imperios serán libres de él"
"and our empires will be free of him"
Con esta respuesta el mensajero regresó a Lilliput
With this answer the messenger returned to Lilliput
y apresuré mi partida
and I hastened my departure
aunque el monarca de Blefuscu me ofreció secretamente su amable protección.
although the monarch of Blefuscu secretly offered me his gracious protection
hubiera preferido que yo hubiera seguido ofreciendo mis servicios
he would have preferred if I had continued to offer my services
pero había resuelto nunca más poner confianza en los príncipes.
but I had resolved never more to put confidence in princes

En aproximadamente un mes estaba listo para irme
In about a month I was ready to leave
La familia real salió del palacio
The royal family came out of the palace
y me acosté sobre mi cara para besar sus manos
and I lay down on my face to kiss their hands
amablemente me dieron sus manos
they graciously gave me their hands

Su Majestad me regaló cincuenta bolsas de Sprugliffs
His Majesty presented me with fifty purses of Sprugliffs
Estas fueron sus mayores monedas de oro
these were their greatest gold coins
y me dio una foto a tamaño completo de sí mismo
and he gave me a full size picture of himself
Inmediatamente lo puse en uno de mis guantes
I immediately put it into one of my gloves
para que no se dañe
so that it would not get damaged
Guardé el bote con carne y bebida
I stored the boat with meat and drink
y tomó seis vacas vivas y dos toros
and took six living cows and two bulls
así como un pequeño oído de ovejas
as well as a small heard of sheep
Planeé llevarlos a mi propio país
I planned to carry them to my own country
Tenía un buen paquete de heno y una bolsa de maíz
I had a good bundle of hay and a bag of corn
para poder alimentarlos durante el viaje
so that I could feed them during the journey
Con mucho gusto habría tomado una docena de los nativos
I would gladly have taken a dozen of the natives
pero esto era algo que el Emperador no permitiría
but this was something the Emperor would not permit
e incluso registraron mis bolsillos una vez más
and they even searched my pockets once more
para asegurarme de que no había llevado a nadie
to make sure I hadn't taken anyone

Algunas ceremonias finales se llevaron a cabo a mi partida
some final ceremonies were held at my departure
y finalmente volví al mar
and finally I returned out to sea

26 de septiembre de 1701
September the 26th, 1701
Había viajado veinticuatro leguas, según mis cálculos.
I had travelled twenty-four leagues, by my reckoning
la isla de Blefuscu estaba muy atrás de mí
the island of Blefuscu was far behind me
luego vi una vela dirigiéndose hacia el noreste
then I saw a sail steering to the northeast
Traté de llamar la atención del barco
I tried to get the ship's attention
pero no pude obtener respuesta
but I could get no response
pero la estaba alcanzando
but I was catching up with her
porque el viento aflojó
because the wind slackened
y en media hora me vio
and in half an hour she saw me
así que descargué una bengala desde mi bote
so I discharged a flare from my boat
La alcancé entre las cinco y las seis de la tarde.
I caught up with her between five and six in the evening
y mi corazón saltó de alegría cuando vi sus colores
and my heart jumped for joy when I saw her colours
de hecho, era un barco inglés

she was indeed an English ship
Puse mis vacas y ovejas en los bolsillos de mi abrigo
I put my cows and sheep into my coat pockets
y subí a bordo con toda mi pequeña carga
and got on board with all my little cargo
El capitán me recibió con amabilidad
The captain received me with kindness
y me pidió que le dijera de dónde venía.
and he asked me to tell him where I had come from
por supuesto que pensaba que yo era un lunático delirante
of course he thought I was a raving lunatic
Sin embargo, saqué mi ganado y ovejas de mi bolsillo.
However, I took my cattle and sheep out of my pocket
Esto no dejó de sorprender a todos en el barco.
this did not fail to astonish everyone on the ship
y todos estaban convencidos de mi cuento
and they were all convinced of my tale

13 de abril de 1702
April the 13th, 1702
Llegamos a Inglaterra
We arrived in England
Me quedé dos meses con mi esposa y mi familia
I stayed two months with my wife and family
Pero mi deseo de ver el mundo no me dio descanso
but my desire to see the world gave me no rest
finalmente tuve que irme de nuevo
eventually I had to leave again
mientras que en Inglaterra obtuve grandes ganancias de mi pequeño ganado.

while in England I made great profit from my little cattle
Todo el mundo quería ver a los animalitos
all the world wanted to see the little animals
eventualmente los vendí por un buen dinero
eventually I sold them for good money
Compré una buena casa para mi esposa y mi familia
I bought a good house for my wife and family
y los dejé con dinero más que suficiente para vivir
and I left them with more than enough money to live on
con lágrimas en los ojos dejé a mi familia otra vez
with tears in my eyes I left my family again
y navegué hacia adelante en "La Aventura"
and I sailed onwards on "The Adventure"

www.tranzlaty.com

www.ingramcontent.com/pod-product-compliance
Lightning Source LLC
Chambersburg PA
CBHW020133130526
44590CB00040B/581